La geología
Los terremotos
Jennifer Nault
LIGHTBOX
openlightbox.com

Entre a
www.openlightbox.com
e ingrese el código único
de este libro.

CÓDIGO DE ACCESO

LBXV7442

Lightbox es una completa solución digital para enseñar y aprender temas curriculares de una manera original e innovadora. Lightbox se basa en las Normas Curriculares Nacionales.

CARACTERÍSTICAS ESTÁNDAR DE LIGHTBOX

AUDIO Narraciones de alta calidad con sistema de texto a voz

ACTIVIDADES PDFs imprimibles que pueden enviarse por correo electrónico y calificarse

PRESENTACIÓN EN DIAPOSITIVAS Ilustraciones gráficas de los conceptos clave

VIDEOS Videoclips de alta definición incorporados

ENLACES WEB Enlaces cuidadosamente seleccionados con recursos seguros para niños

TRANSPARENCIAS Capas paso a paso de mapas, diagramas, cuadros y cronologías

MAPAS INTERACTIVOS Mapas interactivos e imágenes satelitales aéreas

CUESTIONARIOS Diez preguntas de elección multiple con puntaje automático que se envían por correo electrónico al docente para su evaluación

PALABRAS CLAVE Combinación de los conceptos clave con sus definiciones

Contenidos

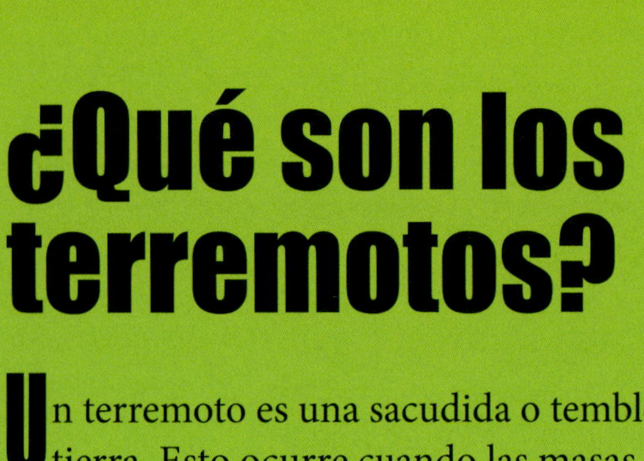

¿Qué son los terremotos?

Un terremoto es una sacudida o temblor repentino de la tierra. Esto ocurre cuando las masas rocosas se mueven. Los terremotos pueden dejar largas grietas en la tierra. Puede parecer como si la tierra se hubiera partido.

La mayoría de los terremotos son pequeños y la gente ni los nota. Pero algunos terremotos son más grandes y causan mucho daño. Los terremotos han causado miles de muertes. Pueden derribar edificios, hacer grietas en las calles y romper diques. Los terremotos no pueden prevenirse.

Hasta principios del siglo 20, no se entendía cómo ocurrían los terremotos. Hoy, los científicos estudian a los terremotos. A veces pueden **predecir** cuando puede haber un terremoto en un área determinada.

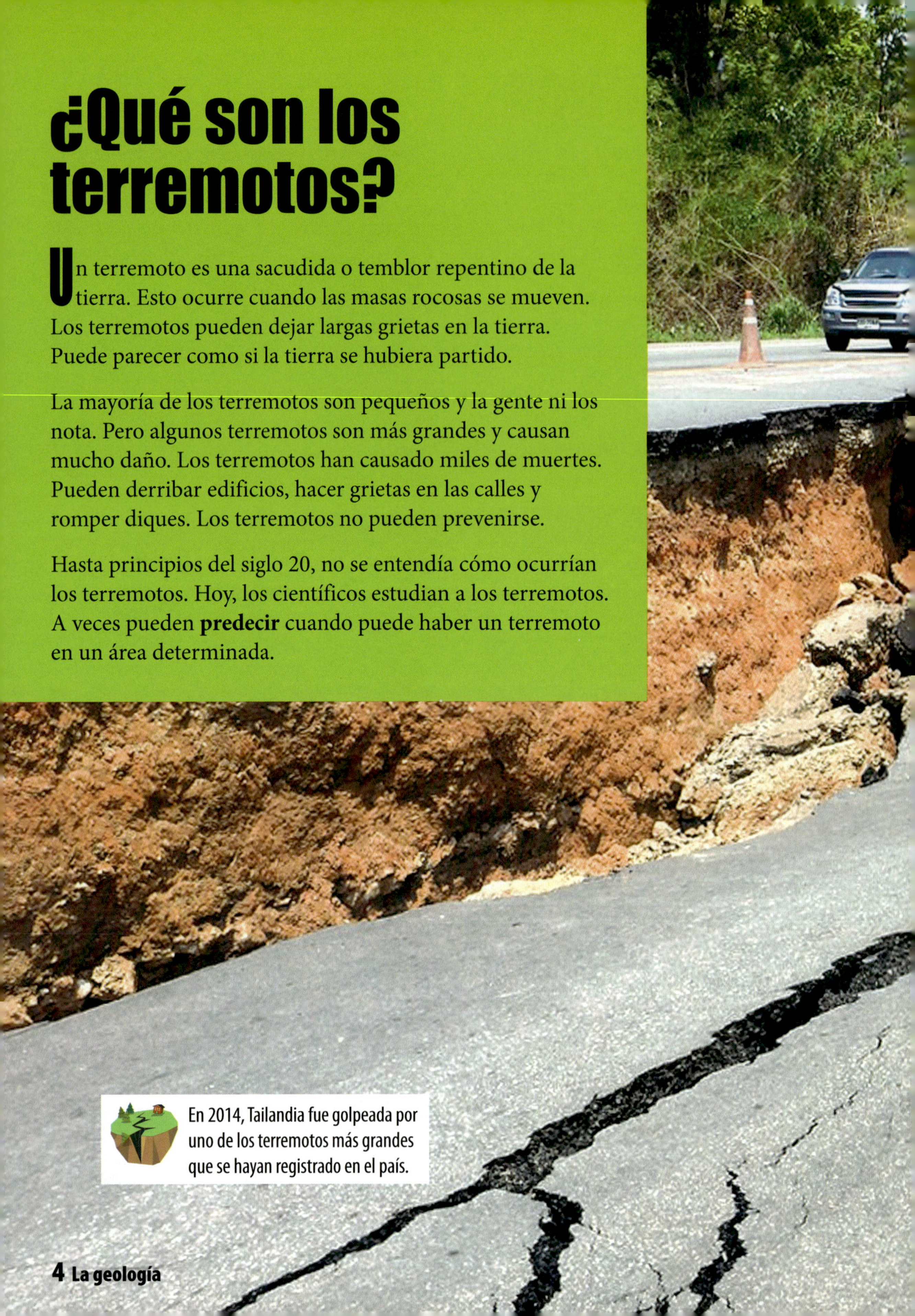

En 2014, Tailandia fue golpeada por uno de los terremotos más grandes que se hayan registrado en el país.

LA TIERRA EN MOVIMIENTO

Todos los años, se producen en el mundo aproximadamente **500.000 terremotos**.

Solo unos **50 terremotos** por año son lo suficientemente fuertes como para provocar **daños materiales**.

En promedio, **mueren 10.000 personas por año** a causa de los terremotos.

El terremoto **más fuerte** de la historia de Estados Unidos ocurrió en **Alaska en 1964**.

La Antártica tiene **temblores de hielo**. Son como los terremotos, pero ocurren dentro de **grandes capas de hielo** en lugar de la tierra.

Explorando un terremoto

La Tierra está compuesta por varias capas. En el centro está el núcleo. El núcleo está rodeado por una capa rocosa llamada manto. Arriba del manto se encuentra la corteza terrestre, o capa externa. La corteza y la parte superior del manto están divididas en partes llamadas placas tectónicas. Estas grandes secciones se encuentran en permanente movimiento.

Las fallas son rupturas en la superficie terrestre. La mayoría de las fallas están en la unión de dos placas tectónicas. Cuando dos placas se separan, se produce lo que los científicos llaman una falla normal. Cuando las placas se acercan y una se monta sobre la otra, se produce una falla de empuje. Cuando las placas se mueven de costado rozándose entre sí, se produce una falla de desplazamiento de rumbo. Algunas fallas se producen dentro de una misma placa.

La mayoría de los terremotos se originan en las fallas de empuje o de desplazamiento de rumbo. También pueden ocurrir en las fallas dentro de una placa cuando grandes fragmentos de rocas se empujan entre sí. En todas estas fallas, con el tiempo se va acumulando presión en la roca. Cuando la presión aumenta mucho, se libera en forma de **ondas sísmicas**, que viajan por la corteza terrestre haciendo que la tierra se sacuda.

Partes de un terremoto

El lugar por donde primero se libera la presión de la roca se llama foco. El terremoto comienza en un punto de la superficie terrestre encima del foco. Este punto se llama epicentro. Aquí es donde las ondas sísmicas son más fuertes.

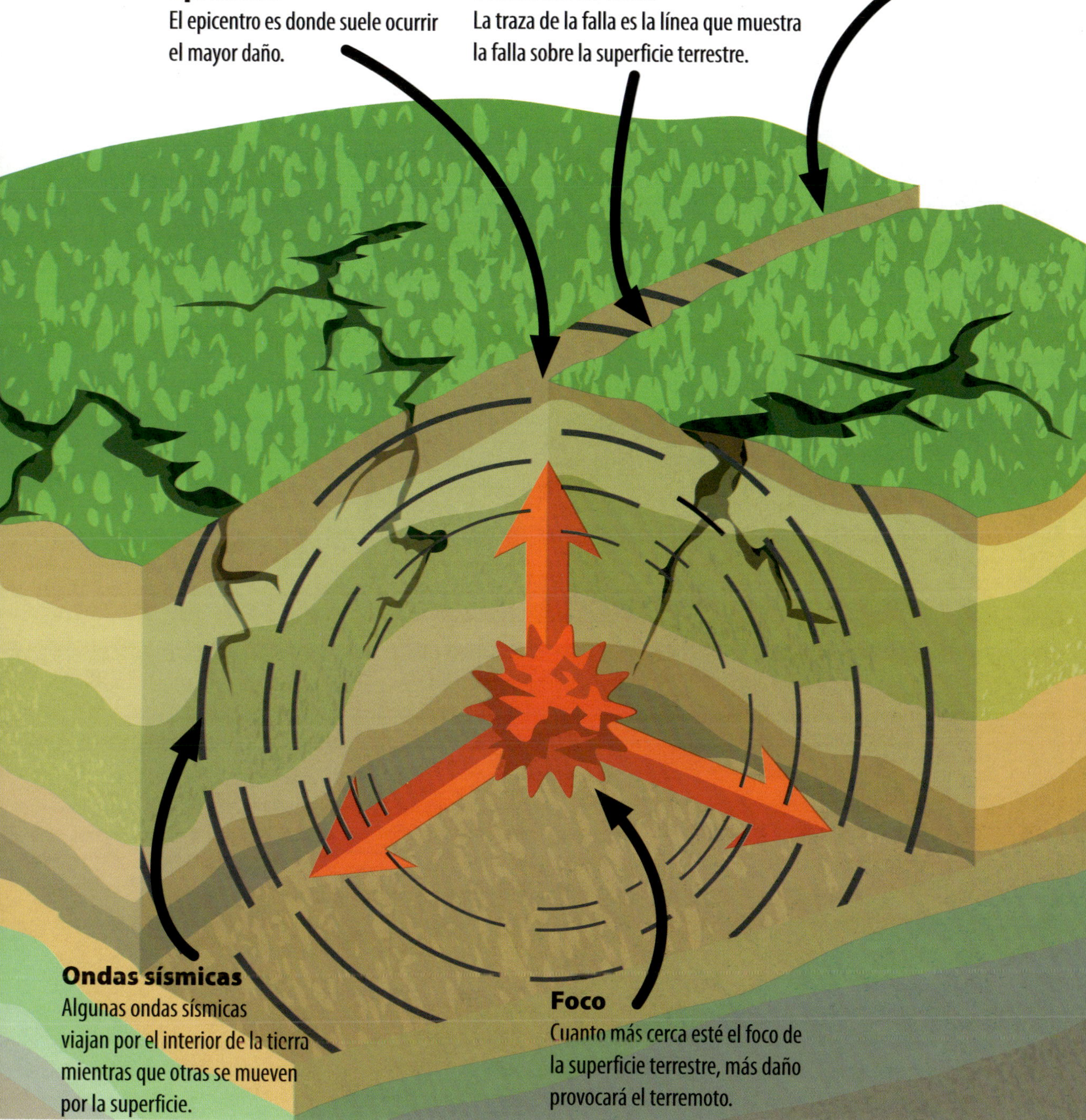

Identificación de los terremotos

Charles Richter fue un científico estadounidense que estudió los terremotos. En 1935, creó una forma para medir la **magnitud** de los diferentes terremotos. Este método se conoce como la escala de Richter. En esta escala, cada punto de magnitud que aumenta representa una liberación de energía 30 veces mayor.

Magnitud 2
- Se puede sentir levemente
- No causa daños en los edificios

Magnitud 6
- Se siente en un radio extenso
- Puede causar daños moderados, especialmente en las zonas construidas

Magnitud 1
- No se puede sentir en la superficie

Magnitud 3
- Se puede sentir
- Causa daños leves

Magnitud 4-5
- Se rompen objetos
- Algunos daños en las calles y estructuras débiles

Magnitud 7-9
- Puede derribar edificios y matar personas
- Daños masivos en grandes áreas

El impacto en la gente

Hay dos áreas principales de la Tierra que reciben más terremotos que las demás regiones. Una es el Cinturón Alpino, que se extiende a lo largo del sur de Europa y el sudoeste y centro de Asia. La otra es el Cinturón de Fuego, que rodea al océano Pacífico.

El Cinturón de Fuego abarca la costa oeste de América del Norte y del Sur. En Asia, incluye al este de Rusia y China, así como a Japón, Indonesia y las Filipinas. Hacia el sur, se extiende hasta Nueva Zelanda.

Cronología de los terremotos

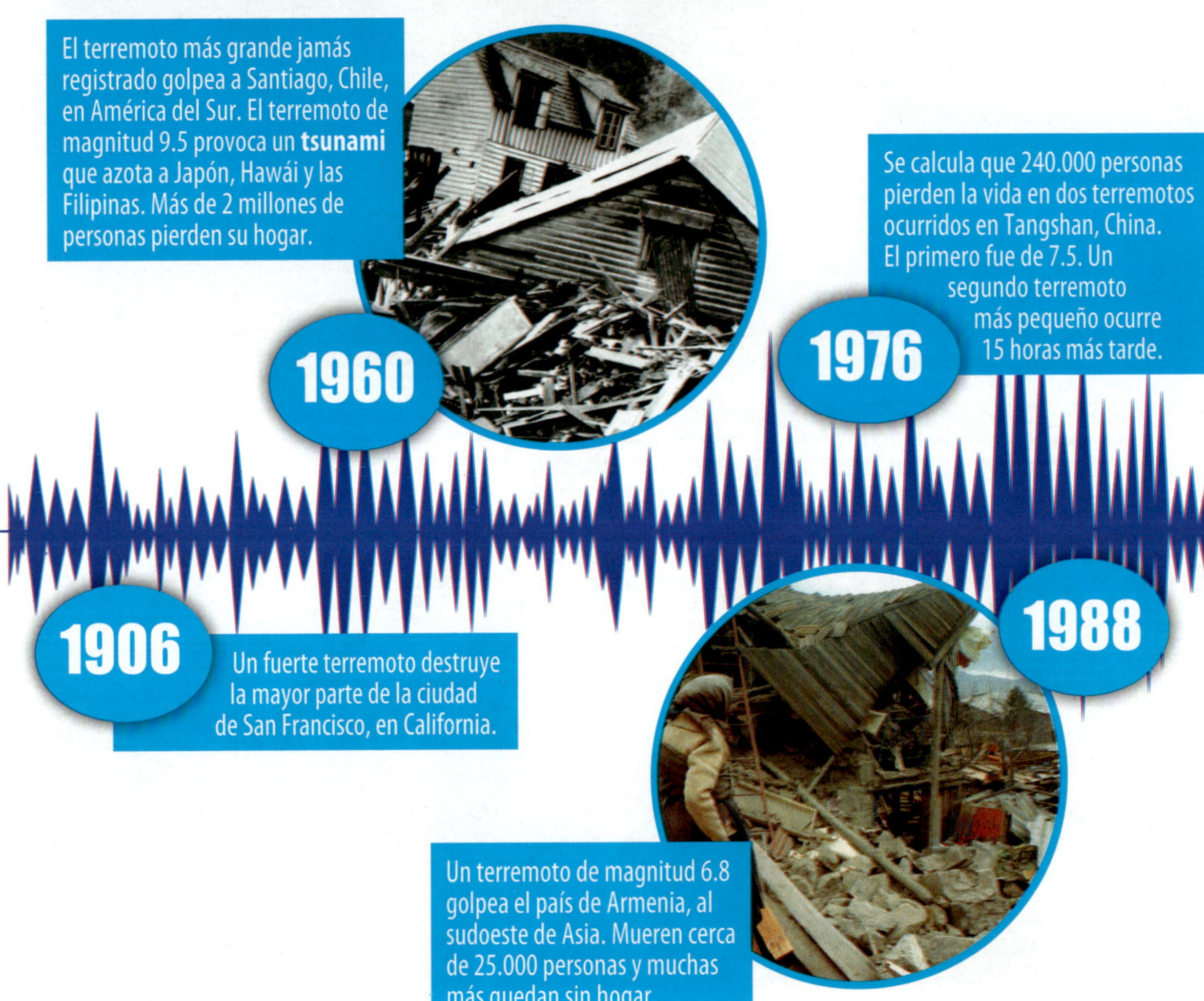

1960 El terremoto más grande jamás registrado golpea a Santiago, Chile, en América del Sur. El terremoto de magnitud 9.5 provoca un **tsunami** que azota a Japón, Hawái y las Filipinas. Más de 2 millones de personas pierden su hogar.

1976 Se calcula que 240.000 personas pierden la vida en dos terremotos ocurridos en Tangshan, China. El primero fue de 7.5. Un segundo terremoto más pequeño ocurre 15 horas más tarde.

1906 Un fuerte terremoto destruye la mayor parte de la ciudad de San Francisco, en California.

1988 Un terremoto de magnitud 6.8 golpea el país de Armenia, al sudoeste de Asia. Mueren cerca de 25.000 personas y muchas más quedan sin hogar.

Indonesia es un país grande compuesto por más de 17.000 islas. Se encuentra cerca de los bordes de varias placas tectónicas que se mueven en diferentes direcciones. Indonesia sufre, en promedio, más cantidad de terremotos por año que cualquier otro país del mundo. Japón, un país mucho más pequeño, tiene la mayor cantidad de terremotos por milla cuadrada (kilómetro cuadrado). Sin embargo, los terremotos han causado grandes daños en otras partes del mundo también.

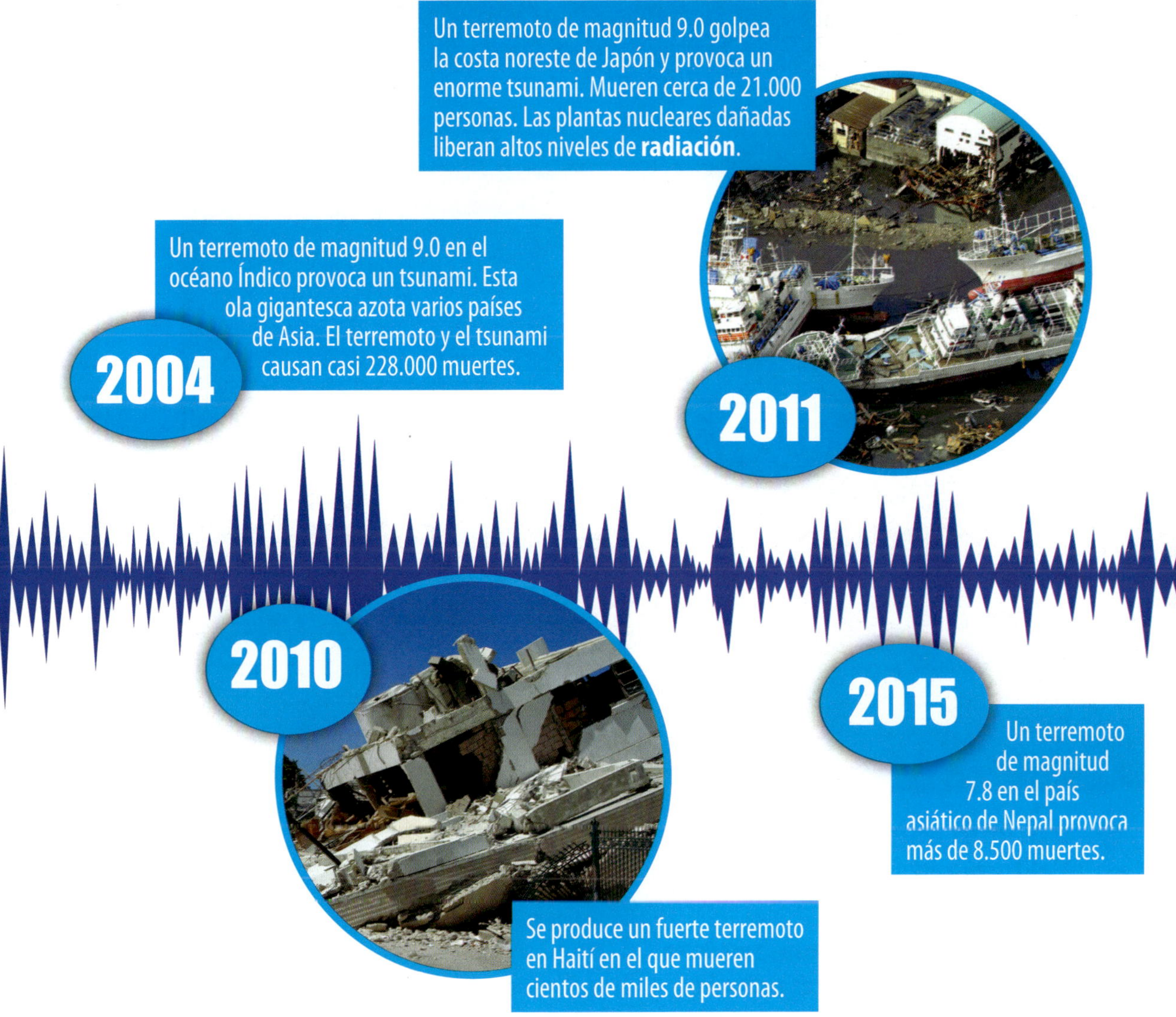

Terremotos en California

Muchos terremotos sacuden al estado de California, por donde pasan varias fallas. La falla de San Andrés es la **zona de falla** más grande. La falla de San Andrés se extiende por más de 800 millas (1.300 km). A lo largo de esta zona de falla es común que ocurran terremotos.

El terremoto de 1906 que golpeó a la ciudad de San Francisco, tuvo una magnitud de 7.8 en la escala de Richter. En San Francisco, había pocos edificios diseñados para sobrevivir a los terremotos. Los edificios colapsaron y murió mucha gente. Poco después, se produjeron incendios por toda la ciudad. El terremoto rompió una tubería que llevaba agua a San Francisco. No había agua para apagar los incendios. Se cree que los incendios causaron más muertes que el propio terremoto.

Hoy, la gente que vive en zonas de terremotos pueden protegerse. Pueden practicar cómo salir a salvo de un edificio durante un temblor. Pueden aprender a encontrar lugares seguros donde refugiarse hasta que pase el terremoto.

Además, hay ciertos tipos de edificios que pueden ayudar a proteger a la gente durante los terremotos. Los edificios construidos sobre roca sólida son más seguros que los construidos sobre tierra blanda. Las construcciones de madera también son más seguras que las de ladrillo o piedra. El edificio Transamerica de San Francisco tiene **cimientos** flexibles. El edificio puede balancearse hacia adelante y hacia atrás durante un terremoto sin romperse ni desmoronarse.

El **primer** terremoto registrado en **California** ocurrió en **1796**.

En el **sur de California** se producen unos **10.000** terremotos **por año**.

Los daños provocados por el **terremoto de San Francisco** fueron de **500 millones de dólares** en ese momento.

El terremoto y los incendios de 1906 en San Francisco destruyeron más de 28.000 edificios.

¿Dónde se producen los terremotos?

Las fallas de California

Casi todos los días se producen en California terremotos de diversas intensidades. La falla de Garlock es una de las fallas más largas del estado. La falla de Hayward atraviesa el área de San Francisco. Estas dos fallas han producido los terremotos más importantes.

Los terremotos en las culturas del mundo

Antes de que los científicos entendieran qué provocaba los terremotos, las diferentes culturas del mundo creaban mitos, o historias, para explicar por qué ocurrían estos desastres. Los antiguos hindúes de la actual India creían que ocho enormes elefantes sostenían a la Tierra. A veces, un elefante se cansaba y sacudía su cabeza para despertarse. Eso hacía que la Tierra **vibrara**. Algunos creían que había solo cuatro elefantes, parados sobre el lomo de una tortuga que se balanceaba sobre el lomo de una cobra. Cuando alguno de estos animales se movía, la tierra se sacudía.

Se creía que Namazu provocaba terremotos para castigar a los codiciosos.

En Japón, algunos creían que un bagre gigante mantenía a la Tierra a flote sobre el mar. Este pez se llamaba Namazu. Cuando Namazu se movía, la tierra se sacudía.

Otros creían que Namazu vivía debajo de la tierra. Un dios llamado Kashima debía proteger a Japón de los terremotos. Debía impedir que Namazu se moviera colocándole encima una roca con poderes especiales. A veces, Kashima no le prestaba atención al pez. Cuando esto ocurría, Namazu se movía y provocaba terremotos.

Los indios gabrielinos de California creían que el Gran Espíritu había creado un hermoso lugar con lagos y ríos. Grandes tortugas transportaban este lugar en sus lomos. A veces, las tortugas comenzaban a pelearse. Luego, algunas tortugas nadaban hacia el este y otras hacia el oeste. Esto hacía que la Tierra vibrara y se rajara.

En el 1400 y principios del 1500, los aztecas controlaban la mayor parte del actual México, un área con muchos terremotos. Hay tres placas tectónicas que pasan por debajo de diferentes partes del país. Los aztecas creían que vivían en el quinto período de la historia, que finalizaría con un enorme terremoto.

La piedra del calendario azteca, exhibida en la ciudad de México, contiene imágenes que muestran el terremoto que, según creían, marcaría el fin del mundo.

2017

Año en el que se produjo el último terremoto importante en México.

7.1

Magnitud del terremoto de México de 2017.

CASI 300

Personas que murieron en el terremoto de México de 2017.

Los sismógrafos

Los científicos usan equipos especiales para medir los cambios en la Tierra. Uno de esos equipos es el sismógrafo. El sismógrafo mide el tamaño de las vibraciones de la superficie y el interior de la Tierra.

Los sismógrafos producen líneas onduladas sobre un papel. Estas líneas registran el movimiento de la corteza terrestre. Los sismógrafos actuales permiten a los científicos rastrear a los terremotos hasta 6 millas (10 km) de su epicentro.

Los sismógrafos también pueden ayudar a los científicos a predecir terremotos fuertes. Generalmente, antes de un terremoto grande, suelen haber otros pequeños. Los sismógrafos buscan y miden estos terremotos pequeños que la gente no llega a sentir.

La línea creada por un sismógrafo se llama sismograma. Se necesitan tres sismógrafos para rastrear con precisión el epicentro de un terremoto.

El estudio de los terremotos

Los sismólogos son científicos que estudian los terremotos. Estudian el tamaño y lugar de las ondas sísmicas. También buscan las causas de la actividad sísmica.

Herramientas

Los sismólogos usan computadoras para analizar los **datos** de los movimientos de la Tierra. A veces, desarrollan programas informáticos que los ayudan a entender los datos de los sismógrafos.

Los sismólogos también usan medidores de tensión. Estos instrumentos utilizan rayos **láser** para registrar el más mínimo movimiento dentro de la Tierra. Pueden medir la actividad de las placas tectónicas y el movimiento de las líneas de falla.

Condiciones de trabajo

Los sismólogos pueden trabajar para universidades, organismos gubernamentales o compañías privadas. La mayoría de los sismólogos trabajan en laboratorios. Algunos recolectan datos y realizan investigaciones en lugares donde se producen muchos terremotos.

Solo para valientes

Los sismólogos trabajan en el calor del desierto, como el desierto de Mojave, en California. (57° Celsius)

22.831 pies

Recolectan datos en montañas altas y escarpadas, como en la cordillera de los Andes, en América del Sur. (6.959 metros)

Los sismólogos de la Antártida trabajan bajo un frío extremo. (-89°C)

Cuestionario

Ahora que has leído todo sobre los terremotos, pon a prueba tus conocimientos respondiendo estas preguntas. Toda la información se encuentra en el texto que acabas de leer. Las respuestas se encuentran al final, a modo de referencia.

1. Durante un terremoto, ¿en qué parte de la superficie terrestre se producen las ondas sísmicas más fuertes?

2. ¿Cuál fue la magnitud del terremoto que sacudió a Nepal en 2015?

3. ¿Cómo se llama la escala que mide la magnitud de los terremotos?

4. ¿Qué tipo de falla ocurre cuando dos placas tectónicas se mueven de costado rozándose entre sí?

5. ¿Cómo se llama el lugar dentro de la Tierra donde primero se libera la presión de las rocas durante un terremoto?

6. ¿En qué estado ocurrió el terremoto más fuerte de Estados Unidos?

7 ¿Cuál es la falla más grande de California?

8 ¿Cómo se llama el científico que estudia los terremotos?

9 ¿Aproximadamente cuántos terremotos ocurren en el mundo por año?

10 ¿Qué animal creían algunos japoneses que causaba los terremotos?

Respuestas:

1. En el epicentro
2. 7.8
3. La escala de Richter
4. Una falla de desplazamiento de rumbo
5. El foco
6. Alaska
7. La falla de San Andrés
8. Un sismólogo
9. 500.000
10. Un bagre gigante

Pruébalo tú mismo

Sigue estas instrucciones para crear un modelo de falla sísmica.

Modelando una falla sísmica

Materiales:

Tres colores diferentes de arcilla

Cuchillo sin filo

1 Modela los tres pedazos de arcilla formando tres rectángulos. Asegúrate de que cada rectángulo sea de un color diferente.

2 Cada rectángulo de arcilla representa una parte diferente de la corteza terrestre. Apila los rectángulos uno encima del otro. Luego, presiónalos.

3 Usa el cuchillo para cortar los pedazos a la mitad. El corte representa una falla en la corteza terrestre. Luego, une los pedazos. Asegúrate de que las líneas de arcilla no coincidan exactamente.

4 Presiona los bordes externos de los dos pedazos. Observa cómo se desmoronan los bordes internos. Esto es lo que ocurre con los bordes de las placas tectónicas durante un terremoto.

Palabras clave

cimientos: la base sobre la que se construye un edificio

datos: recolección de hechos o números que se utilizan para entender los eventos y por qué ocurren

láser: aparato que usa las vibraciones de átomos o moléculas para generar un haz de luz delgado

magnitud: medida que indica la intensidad de un terremoto

ondas sísmicas: ráfagas de energía que provienen del movimiento de las rocas del interior de la Tierra

predecir: hablar sobre algo antes de que ocurra, generalmente basándose en el razonamiento, la experiencia o la observación

radiación: energía liberada en forma de ondas o partículas que pueden dañar a gran cantidad de seres vivos

tsunami: poderosa ola que se forma cuando se produce un terremoto en el fondo del mar

vibrara: hacer que se moviera hacia atrás y adelante o de costado muy rápidamente

zona de falla: área con varias fallas cercanas

Índice

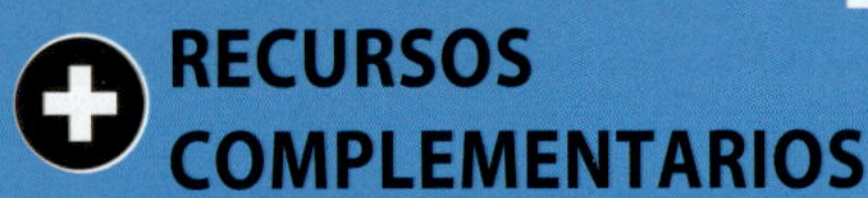

RECURSOS COMPLEMENTARIOS

Haga clic en el signo ⊕ que se encuentra en la esquina inferior izquierda de cada hoja para abrir más recursos para docentes.

- Descargue e imprima los cuestionarios y actividades del libro
- Acceda a las correlaciones curriculares
- Explore otras aplicaciones web que optimizan la experiencia de Lightbox

TÍTULOS DIGITALES DE LIGHTBOX
Incluyen un paquete completo de medios integrados

VIDEOS

MAPAS INTERACTIVOS

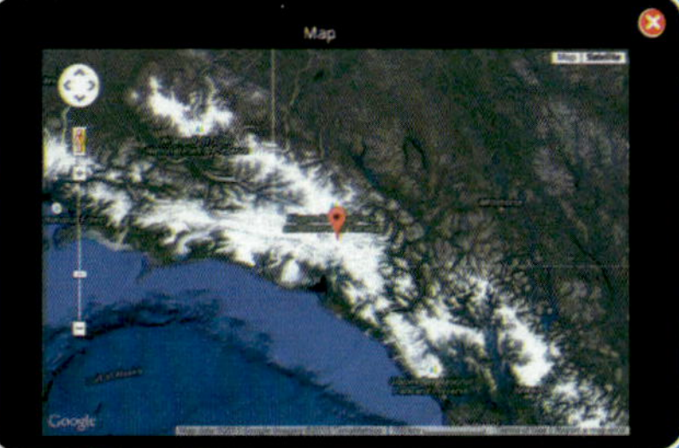

ENLACES WEB

PRESENTACIONES EN DIAPOSITIVAS

CUESTIONARIOS

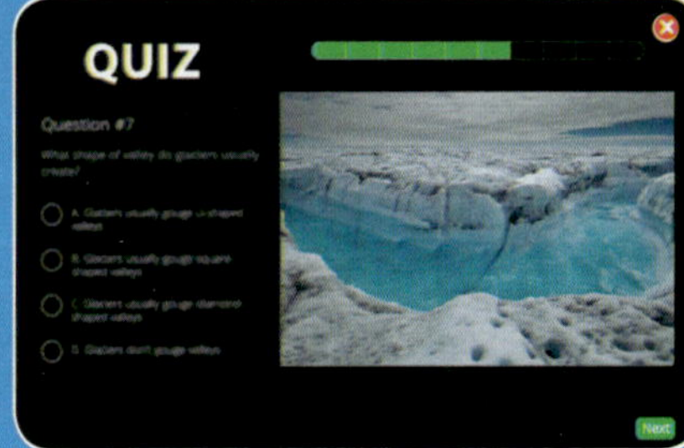

OPTIMIZADO PARA

- ✓ TABLETAS
- ✓ PIZARRAS ELECTRÓNICAS
- ✓ COMPUTADORAS
- ✓ ¡Y MUCHO MÁS!

Published by Smartbook Media, Inc.
350 5th Avenue, 59th Floor New York, NY 10118
Website: www.openlightbox.com

Spanish Project Coordinator: Sara Cucini
Spanish Editor: Translation Cloud LLC
Project Coordinator: Katie Gillespie
Designer: Mandy Christiansen

Library of Congress Control Number: 2017961897

ISBN 978-1-5105-3448-3 (hardcover)
ISBN 978-1-5105-3449-0 (multi-user ebook)

Printed in Brainerd, Minnesota, United States
1 2 3 4 5 6 7 8 9 0 22 21 20 19 18

022018
011518

The publisher acknowledges Alamy, Getty Images, iStock, Newscom, and Shutterstock as its primary image suppliers for this title.